Yvonne Bader *(Pema Wangchuk)*

Initiationen

Innenansichten einer Heilerin und eines Mediums

Innere Reisen: Teil 2

Für
Felicitas & Mavis,
meine Mama und Pap´s,
alle geistigen Lehrer
und lieben Wegbegleiter zum
Dank.

Die Deutsche Nationalbibliothek verzeichnet diese Publikation in der Deutschen Nationalbibliografie; detaillierte bibliografische Daten sind im Internet über http://dnb.dnb.de abrufbar

Herstellung und Verlag:
BoD-Books on Demand, Norderstedt
ISBN: 978-3-7460-4915-1

Abbildungen:
Umschlagseite vorn: „Odin und Asgard" ,
S.21 Talisman „innerer Tempel",
S.65 Talisman „ Familienarbeit"
(gestaltet von Yvonne Bader)
S. 87 Foto, Friedensbuddha in Bremen,
Yvonne Bader
S. 92 Foto, Yvonne mit Mavis
(„Delmenhorster Kreisblatt - dk-online,
11.06.2016; Foto: Andreas Nistler".)

Let vision come and insight.
Let the future stand revealed.
Let inner union demonstrate and
outer cleavages be gone.
Let love prevail, let all men love.

May the light in me
be the light before me.

May I learn to see it in all.

(Hierarchie of Shambala)

Inhaltsverzeichnis

Vorwort :

Nun habe ich gerade mein erstes Manuskript , *„Ein lahmer Lama oder warum das Leben paradox ist"* , zum Gegenlesen freigegeben, so soll ICH, zu meiner Verwunderung, im Anschluss sofort weiterschreiben.
Durch „inneres Hören" kommt heute Morgen nur ein Begriff:
INITIATIONEN.

O.K.

Fühle in mich rein, ob das jetzt nicht zu harter Tobak ist, zweifle erst etwas, sehe mal, ob es im „Netz" schon etwas zu dieser Überschrift gibt...

Ja, es gibt etwas, aber wenig und wenn sehr speziell...finde tatsächlich die allgemeine Definition einer möglichen Bedeutung des Begriffs.

Bei Wikipedia lese ich in einer Kurzerklärung, daß es sich bei einer Initiation um den Entwicklungsschritt z.B. vom Kind zum Erwachsenen handeln kann oder
von einem außenstehenden Neuen, der in eine bestehende Gemeinschaft eintritt, oder vom Laien zum Schamanen usw.

Als Heilerin und Medium interessiert mich natürlich der, als zuletzt genannte Entwicklungsschritt, am meisten. Außerdem kann ich, zu diesem Thema, aus eigener Erfahrung, auch am meisten beitragen.

Gut, vielleicht ist das jetzt wirklich mal nötig, wenn ich mir so überlege, durch wie viele spirituelle **„Klassiker"** ich mich auf meinem Weg, lesend, gewälzt habe, um nur andeutungsweise eine Erklärung dafür zu finden, was während meiner durchlebten Transformationen eigentlich gefühlsmäßig und energetisch mit mir passiert ist.

Ob es nun „**Das Kybalion von Hermes Trismegistos**" war oder andere Schriften.

Alle Autoren sprachen immer „durch die Blume", so daß es nur der verstehen konnte, der sowieso schon dem „inneren Kreis" angehörte.

Was im Einzelnen wirklich passiert bzw. passieren konnte, wurde selten klar formuliert, sondern meistens nur metaphorisch umschrieben.

Das mag jetzt vielerlei persönliche, aber auch kommerzielle Gründe gehabt haben.

Eines möchte ICH jedoch an dieser Stelle anmerken. Die Türen öffnen sich nur dem aufrichtigen Herzens Suchenden.

So schützt die Wahrheit sich selbst vor Mißbrauch.

D.h., was ich zunächst als „durch die Blume" sprechend bemängelte, kann durchaus der Zeit entsprechend angemessen gewesen sein, denn viele Adepten schrieben nicht umsonst unter Synonymen, da sie um ihr Leben fürchten mußten, wenn sie verborgenes Wissen preisgegeben haben.

Gerade noch, wenn sie bestimmten Gruppierungen zugehörig waren, die ICH jetzt nicht alle näher benennen möchte, da deren sehr vielzählig sind.

Außerdem haben WIR Lehrenden auch keinen Einfluss darauf.
Es wird nur so viel enthüllt, wie der derzeitige Zeitgeist oder besser „Bewußt-seins-zustand" der Menschheit, in der Lage ist, zu verarbeiten.

Im Folgenden, beschreibe ich meine persönlichen Erlebnisse.

Das werde ich so gewissenhaft und deutlich wie möglich tun, damit jeder, der auf der Suche ist, den Mut behält, seinem Weg des Herzens zu folgen.

Und jeder hat seinen ganz eigenen Weg, seine ganz eigenen Fähigkeiten und das ist auch gut so.

Ich könnte meinen Töchtern nicht beibringen, was ich tue und so war ich von vornherein immer skeptisch, wenn spirituelle Kurse angeboten wurden, vielleicht auch nur über das Wochenende und man dafür tüchtig bezahlen sollte. (Ich habe nicht einen besucht.)

Ich höre jetzt einen „Aufschrei" und ich schreibe es trotzdem.

„Das, was wahr ist und den Menschen wirklich weiterbringt, ist für alle frei verfügbar und kostet nichts, außer die innere Offenheit des Herzens, Selbstdisziplin und die Bereitschaft, beständig an seiner inneren Vervollkommnung zu arbeiten".

Dafür gibt es natürlich viele Hilfsmittel, die zum Beispiel der **Buddhismus** sehr klar in den „**Vier edlen Wahrheiten**" bzw. „**dem achtfachen Pfad**" formuliert, darstellt und dafür auch eine gute Praxis entwickelt hat.

Mittlerweile habe ich, durch die **Zufluchtnahme,** die Nähe zu Fei (als Meister) und diverse Initiationen durch **Tulku Ugen,** wie in Teil 1 schon beschrieben, ein sehr großes Repertoire an **Mantren**, die mich mit der jeweils benötigten Energie verbinden und bei meiner Arbeit begleiten.

Ebenfalls arbeite ich u.a. viel mit **energetischen Symbolen** aus den Systemen **INGMAR , ANTARES** und **MAHAMERU**, die „zu-fällig" in ihrer kompletten Fülle zu mir kamen.

Desgleichen Zeichen wie **Runen** oder z.B. **das Chephren Alphabet**, die als Energie-Schriftarten dienen.

Außerdem beschäftigte ich mich viel mit **Mudras**, die bei der Meditation ebenfalls sehr wichtig sind, da eine bestimmte Hand und Fingerhaltung auch zu verschiedenen Energieströmungen innerhalb des Körpers führt.

Der **Daoismus** bietet ebenfalls eine gute Orientierung. Mein liebster chinesischer Lehrer ist *Laotse*.
Meine daoistische Initiation bekomme ich von Fei, dem „lahmen Lama".
Angebunden ist sie an *Lü Dung Bing*, einen der chinesischen **„acht Unsterblichen".**

Fei zeigt mir hierzu die korrekte Handhaltung und lehrt mich das folgende, zugehörige *Gebet* zu sprechen.

*May the secret heart of **Master Lü Dung Bing** be adored, glorified and loved all over the world.*

*Secret heart of **Master Lü Dung Bing** please pray for us.*

*Secret heart of **Master Lü Dung Bing**, worker of miracles, please pray for us.*

*Secret heart of **Master Lü Dung Bing**, hope and help for the hopeless, please pray for us.*

Tao Healing kommt über diverse Schriften und die Praxis ebenfalls hinzu. ICH lerne so, die Energieströme im Inneren zu beobachten und zu lenken.

Gut, als Äquivalent, genügen dem Anfänger aber auch die christlichen **10 Gebote.**

Lernen wir nicht auch im Christentum unsere Hände entsprechend zu falten und unser Gebet z.B. das **„Vater Unser"** zu sprechen ???

Für mich ist es gleich, ob ein Mantra oder ein Gebet gesprochen wird.

Wiederhole ich dieses stetig, stelle ich ähnlich einem Telefonat, eine Verbindung her.

Praktiziere ich dieses sehr konzentriert, wiederholt und diszipliniert, habe ich irgendwann eine sogenannte „Standleitung".

Nämlich die Verbindung zu einem **aufgestiegenen Meister/in** und der Energie, die er/sie verwirklicht hat.

Da die Seele unsterblich ist, existiert somit auch die Energie der Seele ewig.

Was als Analogie zu diesem Bild für mich gut passt, ist das Einstellen eines analogen Senders im Radio. Wenn ich die richtige Frequenz einstelle, kann empfangen und gesendet werden und das Bedarf einer gewissen Übung.

Die Energieübertragung, während der Meditation, findet statt über Photonen, auch das sind Wellen, also Schwingungen.

Deswegen sind für mich die verschieden **Religionen** (lat. religio d.h. „Rückbindung") auch nicht widersprüchlich, sondern äquivalent, suchen sie doch alle wieder den Weg zurück zum „Eins-Sein mit der Quelle", aus der die Seele kommt und wohin sie nach dem physischen Tod des Fahrzeugs wieder geht.

Spirituell nennt sich diese Tätigkeit der Seele auch **Kontemplation.**
(lat. contemplatio ….Bedeutung hier für mich…*Innenschau*…Betrachtung des inneren Tempels und damit „Gottesschau")

Durch diese Arbeit wird die „innere Mitte" wieder hergestellt und so der Zugang zur Quelle geöffnet.

Das ist schöner Weise z.Zt. eine meiner Hauptaufgaben, den Menschen, den Zugang zu ihrem göttlichen Sein wiederherzustellen.

Es gibt aber auch in diesem Bereich eine Erweiterung…
….das darf ich kürzlich erfahren…

…vor zwei Tagen habe ich ein glasklares Bild vor meinem „inneren Auge".

Ich sehe, auf der Höhe meines Solarplexus´, einen Buddha, in der Mitte meines eigenen „inneren Tempels" sitzen…

…dieses Erlebnis ist so beeindruckend, daß ich mich später ebenfalls hinsetzen muß, um es zeichnerisch festzuhalten… meine Hand bewegt sich fast, wie von alleine…
…perspektivisch, stelle ich während dessen allerdings fest, ist es recht schwierig, die *Innenschau* genau darzustellen, wie ich es „gesehen" habe.

Denn nach innen, habe ich eine Art „Panoramablick" in 3D, mit MP 4-Effekt, da die Bewegungen ja fließend sind, als wenn eine Kamera filmt
…deswegen die Schwierigkeit, es auf einem Blatt Papier, als Momentaufnahme, treffend darzustellen…

ICH verstehe jetzt, warum auf den tibetischen Thankas oft Mandalas entworfen werden.
Sie dienen als „Landkarten" der *Innenschau*…

Als Ergebnis entsteht so zwangsläufig, aus der Natur der Sache, ein Betrachtungskreis…hier, zum Nutzen der Allgemeinheit, schon als Talisman aktiviert…

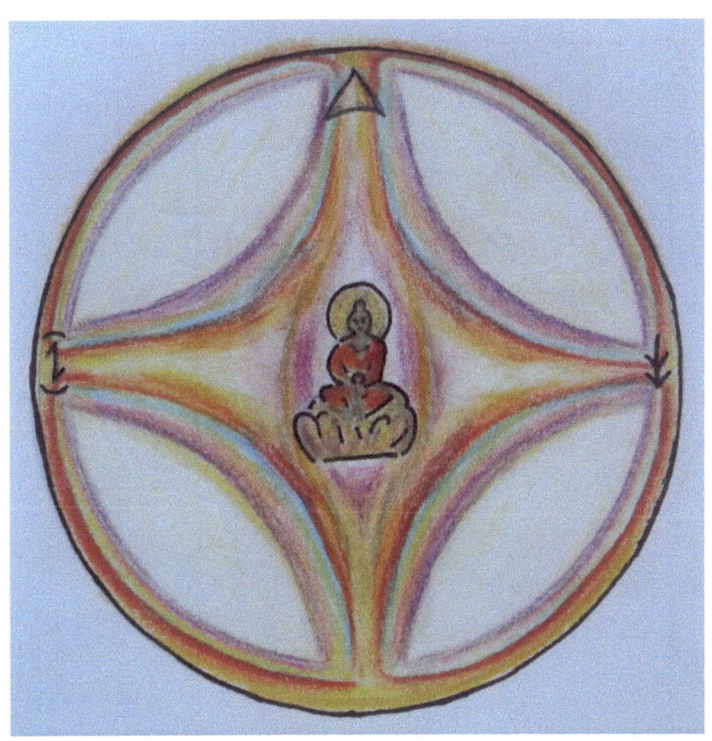

…da ich kurz vorher sehr intensiv mit Saint Germain gearbeitet habe, kommen in diesem Talisman verschiedene Energien zum Tragen…

Einerseits die Buddha-Natur und andererseits die reinigende Kraft von Saint Germain und so die Auflösung von Karma, mit anschließender Umwandlung, der freigewordenen Energie, in reine Liebe.

Auf mich hat dieser Talisman, in einer anschließenden Meditation, eine ganz erstaunliche Wirkung ausgelöst.

Im Expresstempo komme ich über diesen „inneren Tempel" in das Innere von Gaia.

Das letzte Bild, was ich habe, ist eine Art „Chat-room", wo ICH mich mit den Aboriginis treffe.
Bin ganz gespannt, wohin und wie die nächste „innere Reise" verläuft.

1.Kapitel :
Wie innen, so außen.

Wo ich schon im Vorwort auf die **hermetischen Gesetze** bzw. **Das Kybalion** hinweise, möchte ich zur sanften Einführung auch mit einem der hermetischen Gesetze beginnen.

Dieser Grundgedanke ist auch tatsächlich für das Verständnis sehr wichtig.

Eine **Initiation** ist für mich gleichzeitig auch immer ein **Transformationsprozess**.

Und das sich alles wandelt, wußten sowohl die alten Griechen (*panta rhei- „alles fließt"*), als auch die Chinesen mit ihrem **„I GING"** - *dem Buch der Wandlung.*

So, wie die Raupe zum Schmetterling wird, kann ein Mensch durch „inneres Wachstum" sich und seine ganze Umwelt verändern.

Weil es gilt: „ **Wie innen, so außen.**"

Und das sind *kosmische Gesetze*, von denen ICH hier spreche, d.h. denen unterliegen alle Lebewesen, hier in unserem Universum.

Damit kann der Suchende also getrost die Suche im Außen, auf die Suche ins Innere verlegen, wenn er nicht an der Oberfläche bleiben will.

Es gibt dazu eine schöne *Anekdote,* die besagt, daß Gott von den Menschen eines Tages genug hat und sich für eine Weile verstecken will.

Es werden ihm von seinen himmlischen
Beratern verschiedene Plätze
vorgeschlagen, z.B. höchster Berg oder
tiefster Meeresgrund, doch er findet einen
Platz, wo sie ihn bestimmt nicht suchen
werden…..dieser ist direkt in ihren
Herzen…
(Verfasser unbekannt)

…nun noch etwas Allgemeines zum
Vermitteln von Erfahrungen…

Banales Beispiel.
Wenn ich noch keine Kinder habe, kann
ich meine Eltern vielleicht oft nicht
verstehen.
Habe ich aber eigene Kinder, dann
verstehe ich auf einmal, warum meine
Eltern sich so, oder so verhalten haben...

Es gibt also etwas an der **Erfahrung an
sich**, was sich über das Gespräch nicht
vermitteln läßt.

Der andere hört zwar akustisch, was ich sage, doch er kann die Bedeutung dessen, rein mit dem Intellekt, nicht erfassen.

….also muß es noch mehr geben, als „das Wort" allein.

Und so ist es eigentlich mit **allen Initiationen**, die ich bisher erhalten habe. Sie gehen von **Herz zu Herz**, in Stille, … oft eher über die Schwingung einer Stimme, „learning by doing" oder Bilder in Träumen.

Weniger über das direkte Gespräch.

Dann eher so, daß ich vielleicht mich schon die ganze Zeit mit einer bestimmten Thematik auseinandersetze und eine Frage habe, die nach Antwort sucht.

Ich gehe spazieren, vor mir ist ein älteres Ehepaar, was sich gerade „zu-fällig" genau darüber unterhält und ich bekomme durch deren Gespräch meine Antwort.

Viele Antworten bekomme ich durch Bücher, die mir dann „zu-fällig", zum richtigen Zeitpunkt, in die Hände fallen.

Mit Hilfe dieser Bücher, die mit mir „sprechen", kann ich energetisch direkt in Kontakt mit dem Verfasser treten….
….Sie fungieren also auch wie eine Art Schlüssel zu vorher verborgenen „Türen der Erkenntnis".

Ein beeindruckendes Beispiel dafür liegt noch gar nicht so weit zurück.

Ich sehe ein Foto vom *„Tigernest"* in Bhutan.
Dieses Kloster zieht mich magisch an, im Nachhinein ist mir auch klar, warum.

Padmasambhava soll sich dort persönlich aufgehalten haben.

Ich würde so gerne zu diesem Ort/Kloster reisen, habe nur weder die finanziellen Möglichkeiten, als daß ich es überhaupt praktisch realisieren könnte und so kommt **„der Berg"** im wahrsten Sinne des Wortes zu mir.

Buchtitel: *Die Klausur auf dem Berge/Dudjom Rinpoche*

… „zu-fällig" ist der derzeitige Familienname des Königshauses von Bhutan ebenfalls Wangchuk, sogar der 2.te Vorname (Jigme) meiner kleinen Tochter, ist Teil des königlichen Vornamens.

Der Name „Jigme" kommt von „oben" und „ICH" habe zunächst Schwierigkeiten, ihn in Deutschland für ein Mädchen wählen zu dürfen und muß behördliche Erlaubnis und Bestätigung einholen…soll es aber unbedingt durchsetzen…

….einen Artikel, vom König in Bhutan, schickt mir wenige Tage später meine Ma. Sie hat ihn „zufällig" in der Lokal-Zeitung entdeckt.

Kann mich nicht erinnern, je etwas über Bhutan, hier in der Zeitung, gelesen zu haben…

Ein schönes Beispiel, wie ich durch innere Prozesse anziehe, was „meins" ist.

Letzt´ lese ich einen Satz, der es mal wieder genau trifft.

„Ist der Adept bereit, ist der Meister nicht mehr weit."
(Sprichwort)

Dieses wird durch **Resonanz** (lat. resonare „widerhallen") erzeugt.
D.h. wenn meine Schwingung, sehr stark ist z.B. die des Herzens, weil das Herzchakra (Liebe) ein starkes Magnetfeld erzeugt,

oder aber das Magnetfeld des Solarplexus´ (Sitz der Seele), wird durch die so erzeugten Wellen angezogen, was z.Zt. meins ist. Letztendlich ist der gesamte Lichtkörper aktiv.

In meiner jetzigen Arbeit ist gerade der Solarplexus zunehmend von großer Bedeutung.

Die **Chakren** arbeiten, gefühlt, Turbinen-gleich.
Die Energie/ Chi bewegt sich in Ellipsen, ändert auch manchmal die Laufrichtung... bildlich fällt mir dazu ein Strudel oder Tornado mit konzentrischer Drehbewegung ein.
Im Großen kann ich auch die Spiralnebel der Milchstraße als Beispiel nehmen.

Das *Gesetz der Anziehung* gilt ebenso für Informationen, z.B. aus der Akasha-Chronik.
Also wieder, *„Wie innen-so außen „* .

Nun nochmal zur Übermittlung von
Weisheit.
Auch in den Büchern wird das Wissen/die
Wahrheit eher über das, was zwischen
den Zeilen steht, bzw., die Energie, die
der Autor seinem Werk mitgibt,
übertragen.

Die erste Magie, dieser Art, spürte ich mit
ca. 15 Jahren, bei der Lektüre von
Hermann Hesses *Steppenwolf*....von da
aus, war für mich der Weg zu *Siddharta*
nicht mehr weit.

Ähnlich auch einem Künstler, der z.B. ein
Mandala oder anderes Bild
erschafft....das Bild ist mehr als das Bild,
die Farbe und die Leinwand.
Das, was den Künstler ausmacht
(energetische Schwingung) , ist das, was
den Betrachter eigentlich berührt.

Ebenso ist es mit der Musik.
Wenn uns ein Song berührt, ist es doch
eher der Klang, der die Seele erreicht…

als die Notation einer Melodie…auch
hier geht es um Schwingungen…

Also scheinen so u.a. Seelen „non-
verbal" miteinander kommunizieren zu
können.
…manchmal reicht auch ein Blick…

Natürlich gibt es noch Telepathie und
andere Formen, auf die ich eventuell in
einem weiteren Teil kommen werde.

Noch ein Bild zum Abschluß dieses
Kapitels.

Ich kann einem anderen versuchen zu
erklären, wie mein Tee schmeckt,
einfacher ist es, ihm den Tee anzubieten
und er probiert ihn selbst, dann erübrigt
sich jede weitere Erklärung.

Und das genau macht es auch so
schwierig, eine Initiation zu beschreiben
und dennoch möchte ich es wagen.

2. Kapitel :
Intuition

Nun kurz zur Intuition, meiner täglichen Praxis, da ICH hellfühlig bin.

...so, was lese ich als Definition im „Netz".

Intuition ist das unmittelbare, nicht auf reflektierendes Denken gegründete Erkennen.

Was hat das jetzt mit Initiation zu tun ???

Ganz klar, diese inneren Transformationsprozesse, werden nur, durch die Veränderung des Bewußt-Seins, „ins Rollen gebracht".

Dazu gehört auch, daß mein Bewußt-Sein zeitlich im „Jetzt" ist.

Das ist sozusagen eine Grundvoraussetzung.

Deswegen üben sich Buddhisten u.a. in Meditationsübungen verschiedener Art.

Bei der Meditation kommt es im Übrigen auch wieder auf die Momente zwischen den Gedanken an.

Bildlich gesprochen übernimmt nun die Intuition die Führungsrolle und der Intellekt darf jetzt mitarbeiten, muß aber seinen Führungsanspruch aufgeben.

Der Intellekt ist begrenzt, die Intuition ist grenzenlos.

Das Gehirn ist allein schon anatomisch begrenzt.

Die Seele ist ewig und im Körper und über den Körper hinaus frei beweglich.

So, jetzt aber zu meiner praktischen Erfahrung.

3. Kapitel :
Gott ist das einzige fließende Wasser

Hiermit geht eigentlich, zurück betrachtet, mein bewußter, religiöser oder spiritueller Weg der Erfahrung los.

Ich zweifle zunächst sowieso an allem, denn als ich 12 Jahre alt bin, trennen sich meine Eltern und mein heiles Weltbild ist mächtig erschüttert .
(So wird mir der Wunsch des „Heilemachens" aber quasi mit in die Wiege gelegt).

Ich bin ein Landei und muß ungefähr gerade 14 sein. Die Konfirmation liegt glaub` ich schon hinter mir.

Zugegebenermaßen habe ich dieses Ereignis wohl echt verdrängt.

Erst bin ich vor der Kirche mit meinen
„Pfennig-Absätzen" (ich kann Schuhe
mit hohen Absätzen bis heute nicht
ausstehen) in der Roste, vor der Kirche,
steckengeblieben und nach der ganzen
Zeremonie und dem Gruppenfoto hinter
der Kirche, hat mich dann meine Familie,
zu allem Überfluss, auch noch vergessen,
d.h. die sind einfach ohne mich
abgefahren.
Eine Freundin bzw. deren Eltern
hat/haben mich dann netter Weise
mitgenommen.

Durch den Konfirmationsunterricht
beschäftige ich mich zwangsläufig auch
mit Gott. Glaubensbekenntnis,
Katechismus, die Zehn Gebote...alles ist
mir vertraut und ich zweifle mächtig
weiter.

Außerdem habe ich zu dieser Zeit einen
komischen Traum, ein Auge sieht mich,
von oben, aus dem Himmel an.

Erst gehe ich durch eine sonnige Landschaft, Wiesen mit Blumen drum herum, Schmetterlinge....alles ganz idyllisch (fast wie bei **Heidi/J. Spyri**) und auf einmal wird es, wie auf Knopfdruck, dunkel/ Nacht....an mehr erinnere ich mich nicht ...

Anmerkung: Wenn ich das jetzt mit Abstand betrachte, hört es sich fast an, wie die „Vertreibung aus dem Paradies"…also auch eine archetypische Geschichte…

...auf jeden Fall werde ich schweißgebadet wach. Es muß mich sehr beeindruckt haben, wenn ich mich sogar jetzt noch daran erinnere.

„I am the eye in the sky, looking at you..uuuh..I can read in your mind....." **Alan Parsons,** höre ich wenige Jahre später im Radio ....hatte er den gleichen Traum ???

Das Auge sieht so aus, wie auf der Rückseite der Dollarnoten...Zufall ???

Eigentlich will ich mich gar nicht konfirmieren lassen.
Mir ist das mit dem ganzen „Geld-schenken" zuwider (als wenn ich damals schon unbewußt wahrnehme, daß reine Liebe für mich viel wertvoller ist, als Geld) und außerdem hat sich mein damaliger Pastor, mit nur einem Ausspruch, für mich komplett disqualifiziert.

Ich höre diesen Satz noch wie heute.

Es ist am Ende eines sonntäglichen Gottesdienstes, als der Klingelbeutel durch die Reihen geht und der Pastor zur Gemeinde sagte : *„Sie können gerne Scheine reinwerfen, dann haben die Messdiener nicht so schwer zu schleppen."*

Und das soll *Seelsorge* sein ???

Gut, nach der kirchlichen Feier der *Konfirmation* gibt es das obligatorische Kaffeetrinken, mit der Verwandtschaft, zu Hause.

Das Gerede der sogenannten „Erwachsenen" langweilt mich so sehr, daß ich zu meiner Nachbarin rüber gehe.

Wir spielen gerne gemeinsam Gitarre und singen dazu, meistens Songs von den Beatles....besonders an *„Help"* kann ich mich noch gut erinnern.

„Help" hatte ich wohl auch bitter nötig.

Meine Ma ruft an, wenn ein Gast wieder los will und so gehe ich nur noch zum Verabschieden rüber und bleibe ansonsten drüben bei Sylke.

So und wir beide sind auch an anderen Tagen zusammen unterwegs.

Sie ist etwas älter als ich, ca. 2 Jahre, das ist für mich ganz gut.

Wir sind an diesem besagten Tag abends unterwegs, wollen von Quernheim aus nach Wagenfeld in den Schuster-Krug (Disco).

Die Clique ist schon mit Taxi vorgefahren. Zu meiner Zeit ist es noch halbwegs „normal" zu „trampen"....halt auf'm Land.
Kein Bus-shuttle, keine Straßenbahn.....

Und wir latschen und latschen im Dunkeln die Landstraße entlang und es kommt kein Auto....

Irgendwann habe ich die Faxen dicke....ich glaub', es fängt sogar noch an zu „pieseln"...dann kommt zwar ein Auto, fährt aber einfach an uns vorbei ...
ich bin total genervt.

Deswegen schicke ich ein Stoßgebet in den Himmel, etwa so : *„Lieber Gott, es möge ein Auto kommen, anhalten und uns mitnehmen."*

Tatsächlich, es dauerte nicht lange, von Weitem sehen wir Scheinwerfer, die sich langsam nähern.

Der Wagen hält an, die Scheibe der vorderen Tür öffnet sich, eine Stimme aus dem Inneren des Wagens fragt uns, wo wir hin möchten, wir sagen artig den Zielort.

Wir steigen hinten ein.
Einer links, einer rechts, auf die Mitte zwischen uns, achte ich gar nicht.
Von vorne, spricht dann abwechelnd, ein Ehepaar auf uns ein, es sei aber doch sehr gefährlich, um die Zeit usw. und ob wir nicht lieber in die christliche Teestube gehen sollten, als in die Disco und.....dann ertönt auf einmal die Stimme einer alten Dame, die hinten, im Dunkeln, direkt zwischen uns sitzt und spricht:
„Gott ist das einzige fließende Wasser!"
Mir wird ganz komisch und ich bin froh, als wir in Wagenfeld endlich aussteigen können.

4. Kapitel :
Grenzen, Grenzenlosigkeit
oder das Universum im Mund

Grenzen sind für mich, als Grenzgänger,
schon immer ein Thema.
Ob ich nun im letzten westfälischen Kaff,
an der Grenze zu Niedersachsen
aufwachse oder durch diverse
Schulwechsel und Umzüge Grenzen
überschreite.
Teilweise meine eigenen, teilweise, die
der anderen.

Durch Kai, den der interessierte Leser
schon im Teil 1
(*Ein lahmer Lama oder warum das
Leben paradox ist...*) kennengelernt hat,
lerne ich den Begriff *„transzendentale
Meditation"* kennen.

Er bekommt damals ein Mantra
(„Shiring").

Ich setze mich still hin, schließe die
Augen und murmel es vor mich hin .

Klappt bei mir nicht so richtig.

Kai erzählt mir etwas davon, wie er fühle,
er hätte das ganze *Universum im Mund*.

Super, das Ganze wird mir schlagartig
etwas klarer, als der liebe A., Kai und ich
an einem Sommerabend in den 90igern
einen „Trip schmeißen" .

Wahnsinn, ja das ist im wahrsten Sinne
des Wortes „Bewußtseins-erweiternd".

Ich sehe mich noch nachts draußen im
Garten sitzen, in den klaren
Sternenhimmel schauen, wie ich das als
Kind schon liebte und habe mehr als eine
Ahnung von Weite einerseits und
Grenzenlosigkeit andererseits.

Ich fühle mich sogar mit der Milchstraße verbunden. *„All-ein"*.
Es ist, als hätte „ICH" keine Grenze mehr.

Als Fötus, im Bauch der Mutter, kann man sich nicht besser verbunden fühlen.

Um LSD hier in der Wirkung nicht idealisiert darzustellen, muß ich berichten, daß mir beim zweiten Versuch, genau das Gegenteil passiert ist....das nennt man dann wohl **„Horrortrip"**...

Es wird mir mein ganzer *„Seelenschrott"* vor Augen geführt und ich habe Not, überhaupt noch einen guten Gedanken zu denken.

Anmerkung:
...als Kai mich 2004 verläßt, wünsche ich mir sinniger Weise nur noch, für ihn ein guter Gedanke zu bleiben...

Ich muß mit allen Mitteln, die mir zur Verfügung stehen, mein Seelchen retten…
Zu diesem Zweck fang´ich dann sogar an zu beten….das **„Vater – Unser "**, weil mir echt der Arsch auf Grundeis geht und ich richtig Schiss bekomme….
Gott sei Dank geht die Wirkung der Droge am nächsten Tag zurück….danach fasse ich das Zeug nie wieder an.

…..**"*What goes up, must come down…*"** und schon wieder lande ich bei einem Song von **Alan Parsons.**

….vielleicht sind gerade diese Erlebnisse auch der Wegbereiter für mich, jetzt den „Weg der Mitte" zu gehen.
Gut, aber auch diese Prozesse gehören zum spirituellen Wachstum ….heute betrachte ich sie als Läuterung…als eine Art alchimistischen Prozess, denn durch jede Transformation wird die Seele „lichter"…

Als ich dann später, wie in Teil 1 beschrieben, aus dem Wischenweg weglaufe, überschreite ich wieder eine Grenze.

Meine Seele verläßt meinen Körper zum ersten Mal (auch Angst kann Grenzsituationen/ Transformationen herbeiführen). Ich sehe mich von oben auf der Straße laufen...

Bevor das stattgefunden hat, mit der Flucht, war ich wieder an eine meiner persönlichen Grenzen gekommen.

Der „Leidensdruck „ und die gefühlte Einsamkeit und Verzweiflung bringt mich dazu, eines Morgens quer über das angrenzende Maisfeld zu rufen :

„Ihr Kinderlein Gottes, bitte helft mir !"

Diese Worte sind auf einmal in meinem Kopf.

Ich weiß nicht, ob die an meinen Konfirmationsspruch angelehnt sind.

„Selig sind die Friedfertigen, denn sie werden Gottes Kinder heißen." **(Matth. 5,9)**

Mit Kai erlebe ich sehr viele stressige Situationen, ich bin vorzeitig (mit Anfang 20) ergraut, so setzt mir unsere Verbindung zu, doch auch das entspricht wohl alles dem göttlichen Plan meiner „Genese", denn heute weiß ich u.a. dank dem *„Maya-Kalender"*, daß ich **LAMAT** (Der Stern) bin und Kai, mein okkulter Partner, **BEN** (Der Himmelswanderer) ist.

LAMAT steht für die Kraft der Anmut, Schönheit und das Harmonisieren.
BEN steht für die Kraft des Raumes, Ausdehnung und das Erforschen.

Kai würde sagen: „Das mußte ja so kommen!"

47

Vor Jahren wäre ich noch argumentativ
dagegen angegangen und hätte
wissenschaftlich dementiert:

*„Du weißt doch gar nicht, ob das so
kommen mußte, du siehst doch nur das
Ergebnis und wenn es anders
gekommen wäre, würdest Du das
gleiche behaupten..."...*

Heute muß ich in mich rein lächeln und
sagen," **ja, es mußte so kommen."**
Kai hatte, zumindest damit, Recht.

48

5. Kapitel :
Arbeit mit aufgestiegenen Meistern.

Jeder Meister hat so seine eigene Qualität.

ICH BIN in den letzten Jahren u.a. über **Saint Germain** „gestolpert".

Er hat 33 Reden verfasst und ist in vielen Inkarnationen wieder erschienen.

Es wäre notwendig, ihm ein ganzes Werk zu widmen, um ihm als aufgestiegenem Meister gerecht zu werden.

Es ist mir eine Freude, ihn hier an erster Stelle nennen zu dürfen, denn er ist der **Meister der Transformation** schlechthin und das ist ja nun gerade mein Thema.

Seine *„violette Flamme"* reinigt den
energetischen Körper und führt uns,
durch die Auflösung des angesammelten
Karmas, direkt in die seelische Freiheit.

Als Kind wurde ich des Öfteren gefragt :
„ Na, was möchtest Du denn werden,
wenn Du einmal groß bist?"

Diese Frage fand´ich immer sehr
unsinnig und entgegnete deswegen:
„Wieso, *ICH BIN* doch ?!

Gerade eben, hat mir der Meister
persönlich, nochmal bei meiner aktuellen
Arbeit, die *„Schlüsselrolle"* seiner
verkörperten Energie demonstriert und
verdeutlicht.

ICH BIN seit gestern am „Heile-machen"
meines Onkels.

Gestern war ich gut 2 Stunden „in ihm"
und bin danach sehr betroffen, da der
ganze Körper nur aus den Empfindungen
Arbeit und Schmerz besteht.

Die Mühsal der Arbeit nehme ich dadurch
wahr, daß der gesamte Körper **verspannt**
ist und ich von einer Baustelle zur
nächsten gelange….
nach 2 Stunden kann ich weder das Herz,
noch die Seele wahrnehmen….
das ist schon echt schlimm…

Und ich hatte schon einige Klienten, die
durch lebenslange körperliche Arbeit
Dauerschmerzen hatten.

Hat der Körper niemals Ruhe, kann er
sich auch nicht in der „Bewegungs-
Pause" **entspannen**, dann tut erst recht
alles weh, weil der Körper wieder
wahrgenommen wird.

Dieser Zustand hat „von oben" Gnade verdient und so darf ich vorhin, durch das mir von Saint Germain in die Hand gegebene Werkzeug, alles auflösen und das Seelchen „retten".

Erst synchronisiere ich mich mit St. Germain und dann gehe ICH mit der „violetten Flamme" in den Körper meines Onkels.

Als Bild habe ich vor meinem geistigen Auge, daß ich mit einem „Bunsenbrenner" in ein Gefäß gehe und den ganzen Ruß durch Verbrennung auflöse und so das Gefäß komplett reinige.

Netter Weise bekomme ich dann auch noch die Antwort auf die Frage serviert, was denn nun die Ursache dieses Kollateralschadens war.
Sein bester Freund hatte ihm seelisch diesen „Todesstoß" verpasst.

Ich muß eingreifen, weil ich durch den Maya-Kalender und durch seinen Geburtstermin weiß, daß ich unbedingt bei ihm die Liebesenergie wieder aktivieren muß, da er ansonsten seinen Seelenplan nicht erfüllen kann.

Dank Saint Germain kann nun das Karma in reine Liebe gewandelt werden.

Zwei Tage später darf ICH dieses neue Werkzeug nochmals anwenden.

Dieses Mal befindet sich der Betreffende in einer Art Labyrinth, ähnlich dem Film *„Die Reise ins Labyrinth"* mit **David Bowie.**
Die gedanklichen Wege sind sehr komplex und landen immer wieder in Sackgassen, das merke ich beim Versuch, die Blockaden aufzulösen.

Alles ist sehr umfangreich und er hat sich gedanklich im wahrsten Sinne des Wortes verrannt.

Auch dieses Seelchen bekommt Hilfe „von oben" …schön zu wissen, das auch *„Erlösung" durch Gnade* möglich ist, wenn der Mensch sich selbst nicht mehr zu helfen weiß.

Seraphis Bey, dessen Hilfe ich in Teil 1 schon beschrieben habe, folgt wenig später.

Dann träume ich von vielen Seelen, die ich beobachte, wie sie die Erde verlassen, um zum nächsten Planeten zu fliegen… (dazu möchte ich anmerken, daß immer sehr viele an Vollmond gehen) …sie sehen dabei so ein bisschen aus, wie Leuchtlaternen….der Traum ist so klar, daß ich am nächsten Tag auch dazu ein Bild skizziere.

Verbunden ist das, was ich später während einer Meditation erfahre, mit der Energie von **Maria.**

Eine Zeitlang, auch in Zusammenarbeit mit Elena und der *„Wundertätigen Medaille der Maria",* bearbeiten wir sehr intensiv die Mutterthematik unseres Kreises und leisten so einen enormen Beitrag zur allgemeinen Heilarbeit.

Diese Sequenz ist eine sehr wichtige Stufe auf meinem Weg.
Einerseits beschert mir, die von Elena geschenkte Medaille, Mavis, mein zweites Töchterchen, andererseits kann ich bei allen meinen Bekannten viele Wogen bezüglich der Mutter-Kind Beziehung glätten.

Natürlich zuerst wieder innerhalb meiner eigenen Linie.

Diese Art der Energie findet sich auch in anderen Religionen wieder, z.B. **Kwan Yin** (Taoismus), **Fatima** (Islam), usw…

Es folgt **Kuthumi,** der mich u.a
veranlasst, ein Gebet an ihn, aus dem
Englischen ins Deutsche, zu übersetzen.

ICH BIN LICHT
Vom aufgestiegenen Meister Kuthumi

ICH BIN Licht, leuchtendes Licht,
strahlendes Licht, intensivierende
Dunkelheit,
die ich in Licht verwandle.

Jetzt BIN ICH der Mittelpunkt der
zentralen Sonne.

Durch mich fließt ein Fluss aus Kristall,
eine lebendige Fülle aus Licht,
die für menschliche Gedanken oder
Gefühle unfassbar ist.

ICH BIN ein Gesandter der Göttlichkeit.

*Die Dunkelheit, die mich benutzt, wird
von dem mächtigen Fluss, der **ICH BIN**,
verschluckt.*

ICH BIN, ICH BIN, ICH BIN *Licht,
Ich lebe, ich lebe, ich lebe im Licht
ICH BIN die vollkommene Dimension
des Lichts,
ICH BIN die Reinheit des Lichts,
ICH BIN Licht, Licht, Licht.*

*Überflute die Welt überall, wo ich gehe,
segnend, stärkend und übertrage den
Willen Gottes.*

(frei übersetzt von Pema Wangchuk)

Etwas später, stelle ich eigens für
Kuthumi und „das Licht" *Eibenstäbe*
her, es sind 8 an der Zahl, die aber schon
flugs ihren Platz bei den „Auserwählten"
finden.

Anmerkung: Es kann nur „Eins" z.Zt. „sein" , d.h. *wo Licht ist, kann nicht gleichzeitig Dunkelheit herrschen.*

Einige Jahre zuvor bekomme ich selbst einen Eibenstab geschenkt, als Dank für meine Heilungsarbeit, für die Mutter eines Schamanen. Dieser arbeitet mit Thor.
Ich habe einige Zeit später einen Traum und weiß am nächsten Morgen, daß der Alte, mit Bart und Helm, hoch zu Ross, den ich im Traum gesehen habe, **Odin** persönlich ist. Durch inneres Hören vernehme ich **„Asgard"**.

Somit hat meine Suche nach **Asgard** Erfolg und kurze Zeit später, bekomme ich von Arian, einem langjährigen Freund und ehemaligem Nachbarn, der auf dem hiesigen weihnachtlichen Mittelaltermarkt tätig ist, *Runen* angeboten, die laut Tensor tatsächlich meine sind.

Überhaupt habe ich mit **Odin** wohl des öfteren zu tun ….in Verkörperung von Fei („der Alte" mit Bart, Stock und Hut) und auch in der Verkörperung von Manni („der Einäugige) …

Crowley, in Bezug zum *Tarot*, läßt nicht lange auf sich warten. Er übermittelt mir ebenfalls über einen Traum, ich solle mit ihm arbeiten.

Hawi sitzt im Traum, in einem elektrischen Rollstuhl, an einer Bushaltestelle.

Plötzlich löst sich seine Bremse, er rollt einen Hügel runter, über die Straße und durchbricht den Lattenzaun der Weide, eines alten Bauernhauses.

Darauf sind Kühe und die laufen nun kreuz und quer davon. Ich gehe nun allein weiter und will mich dafür entschuldigen und alles wieder in Ordnung bringen.

In dem alten Bauernhaus ist es sehr dunkel, es scheint so, als sei gerade jemand verstorben und ich möchte behilflich sein (Seele ins Licht schicken oder, oder, oder…)
Ich treffe auf eine andere Frau, mittleren Alters, die vorgibt, alles zu können, was auch ich an Fähigkeiten habe.
Ich bin sehr irritiert.
Dann fegt ein Hauch durch das Haus, Schnitt, in diesem Moment liege ich wieder in meinem Bett und merke, wie dieser Hauch direkt real durch meinen Mund in mich hinein fährt…
Tatsächlich haben mir die Karten seines *Thot-Tarot* schon sehr oft geholfen, „hinter den Schleier" zu blicken.

Meine **Initiationen** gehen stetig weiter. Es gibt nochmal ein Zwischenspiel, als ich mich sehr intensiv mit Atemtechniken vertraut mache.
Dazu soll ich *Tenzin Wangyal Rinpoche* als Lehrer wählen.

Wieder habe ich danach einen sehr verrückten *Traum*. Ich bin in einer Stadt, es muß dort kurz vorher Krieg geherrscht haben, auf jeden Fall gibt es dort viel zu tun und ich arbeite mit ihm zusammen. Er ist dort als Arzt tätig.

Im *Traum*, gibt er mir eine Substanz auf die Zunge und gibt so sein Wissen an mich weiter.
An den Geschmack und den Moment erinnere ich mich noch glasklar .

Nachdem **Fei** verstorben ist, fliege ich im Traum zu seinem Grab.
Es ist aber eher, wie eine unterirdische Gruft/ Grabkammer.
Dort liegen 3 buddhistische Reliquien.
Die soll ich an mich nehmen, dann bringe ich sie nach Hamburg, zu seinem Enkelsohn.
Ich kann einfach so, durch das Fenster, in dessen Zimmer fliegen.
Dort legte ich sie weich gepolstert auf eine frisch gelüftete Bettdecke.

Noch jetzt sehe mich, über die, mit
Teppich belegte, Treppe im Flur, das
Haus wieder verlassen.
Wenig später erkenne ich diese Reliquien
auf einem Foto des *Khordong Klosters*
wieder.

Nun arbeite ich z.Zt. gerade sehr intensiv
mit **Sanat Kumara**, dem Lehrer der
Lehrer...und bekomme dazu folgende
Lektüre „von Oben":
**K. Parvathi Kumar/ Die Lehren von
Sanat Kumara**

Es ist, als wären alle meine Stationen, des
spirituellen Weges, wohltuend in seiner
Lehre vereint. Immer wieder nicke ich ab
und bin über die Vollkommenheit höchst
erstaunt und neige voller Dankbarkeit
mein Haupt.

Ich höre mich sagen, das es nun für mich
keines weiteren Buches mehr bedarf, weil
es alle gesammelten Erkenntnisse enthält.

6. Kapitel :
Arbeit zwischen den Welten
oder wer ist eigentlich
Kurt ???

Natürlich liegt es mir auch immer sehr
am Herzen, die Früchte meiner Arbeit, in
meiner eigenen Familie anzuwenden.

Durch viele Gespräche wird mir klar, daß
es sehr wichtig ist, bestimmte Spielregeln
innerhalb des Familienverbands zu
erkennen und die, die nicht förderlich
sind, aufzulösen.

So stelle ich konkret, innerhalb meiner
Familie, eine Neigung zu
unversöhnlichem Verhalten fest und eine
gewisse Unfähigkeit, sich bei Fehlern zu
entschuldigen.

So wird z.B. meine Oma, unrechter Weise, als Kind, von ihrem Vater bestraft und obwohl später die Wahrheit ans Licht kommt, entschuldigt er sich nie dafür.

Wenn solche Verhaltensstrukturen nicht aufgelöst werden, pflanzen sie sich ungefiltert fort und springen so auf die nächste Generation über.
Das möchte ich, als Mutter zweier Kinder, natürlich vermeiden.

ICH bekomme „von oben" die Idee der Gestaltung für folgendes Sammelsymbol.

In der Mitte ist das Vergebungszeichen „Wang" „ ….und vergib´uns unsere Schuld, wie auch wir vergeben…"… kennen wir doch alle…

Oben links sieht man das Aufstellungssymbol für die Arbeit von B. Hellinger und rechts oben das Zeichen für die Familie, was alle mit einbezieht, die dazu gehören….

d.h. auch ungeborene Kinder, Verstorbene und die „Schwarzen Schafe"….keiner darf außen vor gelassen werden, um Frieden und Ruhe in die Linie zu bekommen…

Sinniger Weise heißt das Zeichen unten links „Paradies" und es erfüllt, wie das Symbol unten rechts, die Funktion der Schuldauflösung.

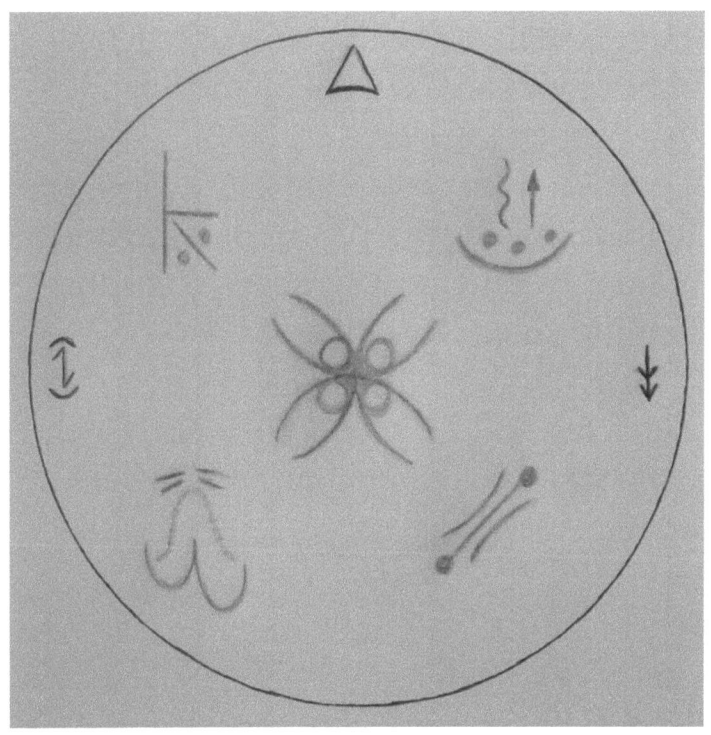

ICH arbeitete mit dem Symbol, weil sich ein Cousin im Moment sehr zurückgezogen hat und ich gerne für ihn „eine Brücke" bauen möchte, damit es zwischen ihm und seinen Eltern zu einer „befreienden" Aussprache kommen kann, solange alle noch unter uns weilen.

Während der Meditation sehe ich wieder einige Bilder vor mir, unter anderem kommt mir ein männliches, altes Gesicht entgegen. Es lächelt, ist mir aber gänzlich unbekannt und dazu bekomme ich noch den Namen *„Kurt".*

Ich weiß nicht, wer das ist und frage in meiner Not meine Ma, ob es in unserer Familie einen Kurt gibt.

Zunächst fällt ihr nichts dazu ein. Doch dann weiß sie auf einmal, wer es sein könnte.

Es ist von einer angeheirateten Tante der Vater, der nun dement ist und von meinem jüngsten Onkel deswegen mitbetreut wird. Das hat mich schon sehr beeindruckt, denn woher sollte ich das wissen können ???

Das nehme ich dann auch zum Anlass, bei meinem Onkel einfach mal wieder vorbeizuschauen und es ist gut so.

Zunehmend, kümmere ich mich, durch den Kontakt zu den Menschen, die zu mir geführt werden, um ganze Familienverbände.

Auch schon während meines Studiums, beschäftige ICH mich ausgiebig mit der Thematik *Familientherapie*.

Da wir alle miteinander verbunden sind, macht es ja auch wenig Sinn, einzelne Familienmitglieder heraus zu zirkeln. Das widerspräche ohnehin meinem holistischen Ansatz des Heilens.

Mit dem späteren Kennenlernen von **B. Hellingers** *Familienaufstellung,* erhält meine Intuition diesbezüglich noch mehr Tiefgang und meine Annahmen werden bestätigt.

B.Hellinger selbst bekommt seine Initiation von Einheimischen im Kongo. Auf einer DVD sehe ich mir seine Arbeit an und fühle, daß er die Menschen mit in seinen energetischen Raum nimmt, wenn er arbeitet, so wie ich das ja auch praktiziere.

ICH stelle dieses hier aktivierte Symbol ausdrücklich gerne für die Allgemeinheit, im aktivierten Zustand, zur Verfügung, damit jeder, der möchte, es für sich und seine Lieben, heilsam nutzen kann.

7. Kapitel:
Weitere Beispiele meiner praktischen Erfahrung bezüglich der Arbeit „zwischen den Welten".

Eines Tages ruft Mischa mich an, eine Freundin aus der Nachbarschaft. Es geht ihrer Mutter gesundheitlich zunehmend schlechter, nun ist diese gerade zu Besuch und so gehe ich kurz rüber, um zu helfen. Wir sitzen, wie so oft, alle gemeinsam auf der Terrasse…ich nehme die Mutter energetisch in den Arm.
Plötzlich muß ich mich drehen und
*….die Behandlung an einem leeren Gartenstuhl…*fortführen.
Das ist zunächst sehr befremdlich, doch schon bald gibt es eine Erklärung. Mischa´s Mutter hat eine Zwillingsschwester, die allerdings schon verstorben ist (aber nun, für mich fühlbar, auf dem leeren Stuhl sitzt).

Die beiden sind ein Herz und eine Seele und hängen so auch jetzt noch zusammen.

Das hat für beide fatale Folgen, was allerdings generell als Problematik auftritt, wenn sich Seelen „zwischen den Welten" nicht ganz loslassen können.

Mischa´s Mutter versorgt nun energetisch die ganze Zeit ihre Schwester mit, die nun ja schon ohne physischen Körper unterwegs ist.

Das führt dazu, daß sie immer schwächer wird und andererseits, hat ihre schon „gegangene" Zwillingsschwester, nicht mehr genug Energie, um ganz die „unsrige Welt" zu verlassen.

Sie müssen sich nun also verabschieden und loslassen.

Das erreiche ich Dank der Symbole und Energien von „KEPHALIN" und „ELIAN".

ICH BIN in der Lage, über mein drittes Auge, die Symbole/Energien aufzunehmen, um sie dann, über meine Hände, wieder auszustrahlen und damit zu arbeiten.

Dann stelle ich die notwendige Energie bereit, damit die Schwester ins Licht gehen kann (OM AMI DEVA SHRI) und verrichte meine Arbeit noch vor Ort.

Später bringe ich Mischa´s Mama wieder in die Mitte. Sie kommt wieder zu Kräften.

Das war vor einigen Jahren. Mittlerweile ist nun auch die Mutter „gegangen".

Ein anderes Mal werde ich zur energetischen Reinigung eines Hauses hier in der Straße bestellt.

Wie in meinem ersten Buch schon kurz angesprochen, sind hier die Bauten aus den 30iger Jahren, d.h. aus der Zeit des 2.Weltkriegs/Nationalsozialismus.

Auch dort im Garten, findet man allerlei vergrabene Altlasten.
U.a. auch eine Bunkertür, der Bunker war, laut Erzählung, nicht weit entfernt von Wolfgang und Irenes Grundstück gewesen.

Später kommt sogar noch raus, daß dieses Haus und das Haus, wo damals die Seelen „rausmarschierten",
freundschaftlich miteinander verbunden waren.

Na, was für ein „Zu-fall".

Zunächst werde ich in den Garten und zu den Nebengebäuden geführt.

Im Werkzeug-Schuppen „wartet" schon der Großvater auf mich…er kann bisher nicht gehen, weil er seiner Enkelin noch etwas Wichtiges sagen muß.

Da diene ich dann wieder, ähnlich wie bei der Familienaufstellung/Hellinger, als Stellvertreter.

Ich muß Irene fest in die Augen schauen und ihr sagen, daß ich ihr schon immer sagen wollte, daß ich sie liebe.

In den Arm nehmen darf ich sie aber nicht…es fließen Tränen und ich erfahre im Gespräch, daß es körperlich wenig herzlich in dieser Familie zuging.

Ich spreche Irene darauf an und ihre Antwort rührt mich sehr, als sie sagt: „In anderen Häusern brannte das Licht wärmer, als in unserem!"

Darauf gehen wir in den sogenannten Anbau.

ICH nehme dort eine große Trauer wahr.

Nach dem Krieg, wurden u.a. dort auch Verwandte kurzzeitig aufgenommen, später lebt die Mutter dort, die kürzlich verstorben ist.

Auch dort stehe ich einige Zeit am geöffneten Fenster und schicke die Seelen ins Licht.

…vorne, in dem Zimmer zur Straße, bekomme ich eine richtige Gänsepelle und empfinde eine große Kühle.

Dort ist, vor vielen Jahren, der Vater verstorben…diese Seele muß ich ins Licht schicken, denn sie ist die ganzen Jahre nicht gegangen. Bestimmt wollte er auf seine Frau warten.

Aus Erzählungen weiß ich, daß der Vater sehr gläubig war.

Leider war er, Zeit seines Lebens, immer sehr ängstlich….und etwas habe ich das Gefühl, daß diese Angst ihm, auch als Seele, noch immer im Nacken sitzt.

Dabei wäre es gar nicht nötig gewesen, denn er ist den „Jesusweg" gegangen und hat nun, vor seiner „letzten Reise", wirklich nichts Übles zu befürchten.

Bevor er geht, überschüttet er sein Töchterchen mit reiner Herzensliebe, danach erlebe ICH seine wunderschöne „Erhebung" der Seele…

Nun folgt, in den oberen Räumlichkeiten, eine Reinigung.

Im Schlafzimmer gehen alle Seelen, die Irene, als Altenpflegerin, aus dem Altenheim mitgebracht hat.

Schön ist, egal ob die Seelen erhobenen Hauptes, oder gebeugt gehen…durch die Spiegelung auf dem Glasdach, sehe/en ICH/die Seelen die ganze Zeit über den Himmel und die Wolken.

Es folgt, nach einigen unschönen Begebenheiten, die Reinigung der Hütte von Jessi.

Das Haus ist, beim ersten Betreten, durch den Eingang im Garten, vom Eindruck insgesamt minus.

Beim Öffnen der Haustür kommt mir ein sehr starker energetischer Druck von außen entgegen, als wenn dort schon gesammelt die Seelen vor der Tür stehen, um sich rein - /durch-zu drängeln...

Ein insgesamt sehr eigenartiger Straßenzug. Die Häuserfronten stehen sich dort so nah gegenüber, daß sich die Nachbarn fast durchs Fenster die Hand reichen können.

Sie sind nur durch eine schmale Gasse
voneinander getrennt.

Wie ich später erfahre, stammen diese
Reihenhäuser noch aus dem 18ten
Jahrhundert und wurden vor allen Dingen
von Handwerksfamilien bewohnt, die
hier zu mehreren Personen, auf sehr
engem Raum, zusammenlebten.

Der gesamte Straßenzug strahlt minus.

Lange Zeit stehe ich draußen vor der
Haustür und muß immer wieder zu dem
Eingang links gegenüber schauen.

Eine ältere Dame, die dort wohnt, winkt
mir plötzlich aus dem Wohnzimmer sogar
zu...ich grüße zurück...

Später gehen Jessi und ich gemeinsam
rüber, um mit ihr zu sprechen.

Zwischendurch gehen wir zum Reinigen, die schmale Treppe, nach oben…Jessi öffnet u.a. eine kleine Tür, die den Blick auf den Stauraum zwischen Dachschräge und kleinem Flur freigibt.

Plötzlich muß ich ganz schnell nach unten laufen, in das jetzige Kinderzimmer.

Ich stehe, stellvertretend für den ehemaligen Eigentümer, nun am Fenster, blicke nach draußen, bin sehr traurig und dann weiß ich intuitiv, was los ist.

Derjenige hat sich genau dort, an diesem Platz, erhängt,... was auch immer er kurz vorher oben erblickt hatte, es muß ihn völlig verstört haben.

„Er" möchte, bevor er ganz geht, nochmal vor die Tür, dann hinten in den Garten zum Schuppen und später nochmal rüber zu der netten alten Dame.

Jessi´s Nachbarin erzählt, es wäre vor vielen Jahren schon mal jemand zum „Reinigen" dort gewesen. Er hätte einen Kupferdraht gespannt....ich wunder mich, warum „sie" wiedergekommen sind...
Möchte rein intuitiv nochmal zu ihr in den Garten und reinige den Schuppen, alles andere scheint O.K. zu sein, nur eines fällt mir an diesen Reihenhäusern allgemein auf.

Ein Feng-Shui-Berater würde wahrscheinlich die Hände über dem Kopf zusammenschlagen.
Es ist, durch die verwinkelte Bauweise, kein freier energetischer Fluss möglich.

Auf das gleiche Problem stoße ich bei Nicole, der direkten Nachbarin von Jessi. Bekomme von oben einen Termin am Vollmond zugewiesen und kann den Ort durch Sturm und umgekippte Bäume nur schwer erreichen, bin aber wild entschlossen.

…dort muß ich, quasi über Bande reinigen…energetisch sind diese Reihenhäuser einfach ungünstig gebaut, in der Mitte staut sich die Energie von zwei Seiten.

Dort möchte der Opa gehen.
Ich nehme einen seltsamen Geruch wahr und mir wird erzählt, daß er Pfeifenraucher war.
Intuitiv gehe ich, stellvertretend für ihn, vorne aus der Haustür, schwenke dann nach rechts und gehe bis zum Ende der Gasse, lasse meinen Blick nochmal schweifen und dann kann auch dieses Seelchen befreit gehen.

Später erfahre ich, daß er immer gerne zum Kiosk gegangen ist, der dort vorne direkt an der Ecke war.

Außerdem erfahre ich im Gespräch, daß auch in dieser Ecke der Stadt ein Bunker war, wo alle immer hingelaufen sind.

Der Durchgang muß genau bei diesen Häusern gewesen sein, was auch erklären würde, warum die Seelen sich hier quasi vor der Haustür drängeln.

Bei Jan hatte ich kürzlich ebenfalls die Hütte gereinigt, allerdings über's Telefon. Er wohnte auch in einem alten Gebäude, was zu einem Quarzsand-Unternehmen gehört.

Dort muß mal eine Ziegelei gewesen sein und Zwangsarbeiter, die dort wohnten.

Bei der Reinigung mußte ich unzählige Male fiktiv einen Gegenstand mit beiden Armen nach vorne werfen, bis klar war, daß es sich um Ziegel handeln mußte, die sich die Zwangsarbeiter zugeworfen haben.

8. Kapitel:
Wenn Seelen sich loslassen müssen.

Dabei geht es immer darum, daß sie die Verbindung, zwischen den Welten, nicht mehr aufrechterhalten können.

Diesen Teil halte ich bewußt ohne Namen/anonym, da die Namen ja nur aus dem Vorleben sind und nun auf die Seele, als Beschreibung, nicht mehr zutreffen.

Oftmals ist es der schon verstorbene Partner, der sich nicht verabschieden konnte und sich nun bemerkbar macht.

Ich kann dann als Stellvertreter und „Mittler zwischen den Welten" für ihn die Worte sprechen, die er noch sagen wollte und dann kann „er/sie" gehen.

Genau dieses „Nicht -verabschieden - können", scheint eine riesige Rolle dabei zu spielen, wenn Seelen in der Nähe ihrer Lieben bleiben und so die „Verbindung zwischen den Welten", bis zum „geht-nicht-mehr" aufrechterhalten wird.

Da ist dann z.B. eine Wiedergeborene Seele, die auf die Wiederankunft ihres Liebsten wartet, da dieser in dem Leben davor von einem Zug erfasst wurde und durch den plötzlichen Unfall nicht mehr „Adieu" gesagt werden konnte.

Sie möchte als dessen Tochter wiedergeboren werden, doch die jetzige Partnerin beschließt das Kind abzutreiben.
Deswegen fährt diese Seele später Störmanöver in die bestehende Beziehung, bis es dem angebeteten Seelchen, was ja nun in einem neuen Körper lebt, energetisch immer schlechter geht.

Diese/s Verbindung/Karma kann ich
auflösen, wenn die nicht gesprochenen
Worte „Ich liebe Dich und werde Dich
immer lieben", stellvertretend durch mich
ausgesprochen werden und so den
anderen erreichen.

*Anmerkung: Es gibt ja auch diesen
Spruch, das wahre Liebe unsterblich ist,
was unzweifelhaft stimmt, einerseits sehr
romantisch klingt, andererseits aber auch
unangenehme Folgen für beide Seiten
haben kann.*

Manchmal ist es der Fall, daß Kinder ihre
Eltern nicht gehen lassen können, bzw.
die Eltern immer noch meinen, auf ihre
Kinder aufpassen zu müssen.
Da ist dann ein besorgter Vater, der selbst
wohl in dem vergangenen Leben
selbstständig war, aber die Geschäfte
nicht gut liefen...ich darf wieder als
Stellvertreter fungieren, und muß
Handbewegungen ausführen, die ich
zunächst gar nicht zuordnen kann,

bis klar ist, er muß wohl Pizzateig selber hergestellt haben...

Dieser wird dementsprechend immer wieder in die Luft geworfen und verwirbelt. Macht auch Sinn, denn es handelt sich um eine Familie aus Italien.

Der Vater muß also eine Pizzeria geführt haben, leider erfolglos...
Nun sieht er, wie sich ähnliches bei seiner Tochter wiederholt und macht sich natürlich Sorgen.
Diese Tochter hängt so sehr an ihrem Vater, weil die Mutterthematik nie bearbeitet wurde....mit den Partnern klappt es auch nicht so prima, eigene Kinder sind Fehlanzeige.

Ich knie lange auf dem Boden, um für sie wieder eine Erdung mit Gaia herzustellen und so gleichzeitig dafür zu sorgen, daß sie energetisch auch mütterlich versorgt wird.

Nachdem die fehlenden Energien hinzugefügt und harmonisiert sind, kann der Vater in Frieden gehen. Das ist von ihm so gewünscht, da es seiner Tochter energetisch immer schlechter geht, so daß auch er sich nun verabschieden muß.

Verabschieden ist ein gutes Stichwort. Für dieses Mal möchte auch ich mich nun verabschieden und hoffe, diese innere Reise war für Dich erhebend, spannend und erhellend.

Im Anhang werde ich diesmal noch einen Literaturhinweis anbringen und für jedes Kapitel passend, ein für mich wichtiges „sprechendes" Buch erwähnen.

Im letzten Kapitel folgt nun der Hinweis auf eine Möglichkeit der **Initiation**, die jeder kostenfrei sofort nutzen und erfahren kann.
Sie ist nur mit einem kleinen Besuch in Bremen verbunden und ein Geschenk vom Dalai Lama.

9. Kapitel :
Der Friedensbuddha für
Europa steht in Bremen.

„Eintritt nur für den Buddha", steht sinniger Weise auf der Rückseite meiner Eintrittskarte der Botanika, knapp eine Woche, nachdem der Friedensbuddha, gestiftet vom Dalai Lama, in Bremen von der Öffentlichkeit besucht werden kann.

Ein echtes Highlight im August 2017.

Wie ein Magnet zieht es mich hin und durch meine recht frühzeitige Ankunft, sind die großen Besuchermengen auch noch nicht in Sicht.
So kann ich mich ganz in Ruhe auf eine Bank setzen, meine Meditationshaltung einnehmen und nach einigen Momenten der Stille, fließen mir alle bekannten Mantren durch den Sinn.

Nach einer Weile antwortet der Buddha, dieses Erlebnis ist sehr ergreifend und ich wünsche es jedem aufrichtigen Be-**sucher** reinen Herzens, in den inneren Dialog mit ihm zu treten.

Langlebensgebet für Tulku Ugen

CHE WAI CHEM CHOG DORJE DRO WO LOD

Dorje Drolo, du größte aller Überraschungen .

WANG DRAG BAR WAE LHA SRIN WANG DU DUD

Mit Deiner starken, hell strahlenden Energie bringst Du alle Götter und Dämonen unter Deine Kontrolle,

YESHE ROL PAE LOG DREN THAM CHED DROL

Deine Weisheit Energie befreit alle Wesen von falscher Sicht,

GYAL KUN TRIN LAE DZAD PAI DENTHU YI

beinhaltet die Energie der Taten aller Jinas.

URGYEN CHEM CHOG ZHAB PE TEN GUR CHIG

Tulku Ugen Chencho muß ein langes Leben haben.

Literaturhinweis:

- <u>Vorwort</u>:
Der Erleuchtung ist es egal, wie du sie erlangst/ **Thaddeus Golas**
- <u>Kapitel 1</u>:
The Secret-Das Geheimnis/ **Rhonda Byrne**
- <u>Kapitel 2</u>:
Bewußtsein und Logik. Eine wahrlich Phänomenale Angelegenheit/ **Rudi Berner**
- <u>Kapitel 3</u>:
Der goldene Zweig. Das Geheimnis vom Glauben und Sitten der Völker/ **James George Frazer**
- <u>Kapitel 4</u>:
Über innere Grenzen. Initiationen in Schamanismus, Kunst, Religion und Psychoanalyse/ **Hartmut Kraft**
- <u>Kapitel 5</u>:
Arbeit mit aufgestiegenen Meistern. Arbeitsbuch 1+2/ **Margit Steiner**

Seit 2000 hat die Autorin viele Initiationen,
auch anderer Art, erhalten. Bis heute hat
sie viele Erfahrungen bezüglich Seelen, die
„gehen" bzw. „nicht gehen" können,
gesammelt. Sie arbeitet mit Mantren
und energetischen Symbolen, aber auch
mit Heilsteinen, Runen und Crowley-Tarot,
darüber hinaus mit aufgestiegenen
Meisterenergien. Sie reinigt energetisch
den Körper (Haus der Seele), als Medium
aber auch Gebäude.
Blockaden und Verspannungen, oft
Ursache für Schmerzen, werden durch ihre
Arbeit aufgelöst. So kommt Chi wieder in
den „Fluss" und der Mensch zurück in
seine seelische Mitte. Zeitlich rückwärts
auf den Meridianen reisend, hat sie dabei
schon viele spannende Abenteuer erlebt,
sowie interessante Entdeckungen
gemacht.

Kontakt: Yvonne Bader *(Pema Wangchuk)*
yvonne-bader@t-online.de